송강스님의
벽암록 맛보기
-8권-
(71칙~80칙)

벽암록 맛보기를 내면서

2021년 초에 불교신문사에서 새로운 연재를 부탁하기에 〈벽암록 맛보기〉라는 제목으로 『벽암록(碧巖錄)』의 본칙(本則)과 송(頌)을 중심으로 1회 1칙씩을 연재하기로 했습니다. 정해진 지면에 맞추다 보니 여러 가지 도움이 될 장치를 생략하게 되었으나, 공부하기에는 크게 부족함이 없었습니다.

불교신문 독자들 가운데 책으로 공부하기를 원하는 분들이 많아서 이제 10칙씩을 묶어 한지제본의 〈벽암록 맛보기〉를 차례로 출판하기로 하였습니다. 불교신문 지면에 실린 내용에다 몇 가지 도움이 될 부분을 더하여 편집의 묘를 살린 것입니다.

참선공부는 큰 의심에서 시작되고, 『벽암록(碧巖錄)』의 선문답은 본체 또는 주인공에 대한 의심을 촉발하기 위한 것입니다. 그러므로 의심을 일으킬 수 있는 정도로 설명은 간략하게 하고 자세한 풀이는 생략했습니다. 너무 자세한 설명은 스스로 의심을 일으키기는 커녕 자칫 다 알았다는 착각에 빠지게 하기 때문입니다.

이 책이 많은 분들에게 큰 의심을 일으킬 수 있는 기회가 된다면 참 좋은 법연(法緣)으로 생각하겠습니다.

2022년 여름 개화산자락에서

시우 송강(時雨松江) 합장

차 례

제71칙

백장문오봉 병각인후
(百丈問五峰併却咽喉)

백장선사가 오봉스님에게
입 닫고 말하는 법을 묻다

"만 리 하늘가
물수리 한 마리 나는구나"

고구려 벽화의 삼족오(三足鳥).
다리가 셋이니 뛰어난 놈인가 장애를 가진 놈인가!

오봉 상관(五峰常觀)선사는 백장(百丈)선사의 법제자로 당대(唐代)의 선승(禪僧)이다. 생몰 연대는 밝혀져 있지 않다. 강서성 균주(筠州)에 있는 오봉선원(五峰禪院)에 주석하며 후학을 지도하였다. 지금의 이 대화로 널리 알려져 있는 스님이다.

본칙(本則)

擧 百丈復問五峰호대 併却咽喉唇吻하고
거 백장부문오봉 병각인후순문

作麽生道오 峰云 和尚也須併却이니이다
자마생도 봉운 화상야수병각

丈云 無人處斫額望汝하리라
장운 무인처작액망여

- **작액(斫額)**

  손차양을 하다. 이마에 손을 올려 햇빛을 가리고 멀리 바라보는 것.

이런 얘기가 있다.

백장선사께서 다시 오봉스님에게 물었다.

"목구멍과 입술을 사용하지 않고 어떻게 말하겠느냐?"

오봉스님이 말하였다.

"스님께서도 또한 반드시 목도 입도 쓰지 않으셔야 합니다."

백장선사께서 말씀하셨다.

"아무도 없는 곳에서 이마에 손을 얹고 너를 바라보리라."

강설(講說)

자, 여기 멋진 공부인의 모습을 오봉스님이 잘 보여주고 있다. 백장산의 높은 봉우리 같은 스승의 언어적 이해를 넘어선 질문에 능히 다음과 같이 즉각 응대한다는 것은 쉬운 일이 아니다.

"지금 스승님께서 언어를 넘어선 경지를 말해보라고 하시지만, 그러려면 스승님부터 입 다무시지요."

누가 과연 위대한 스승 앞에서 이렇게 일갈할 수 있겠는가.

그런데 이 백장 노인네의 말씀이 괴이하다. 우선 아무도 없는 곳은 무엇인가? 말로 이러니 저러니 할 것이 아니라 곧바로 그 자리에 설 수 있어야 한다. 그런데 아무도 없는 곳이라면 어찌 바라볼 대상이 있겠는가? 그러나 백장 노인네는 "아무도 없는 곳에서 이마에 손을 얹고 너를 바라보리라."고 하셨다. 아직 멀었다는 것인가, 아니면 눈부시게 뛰어나다는 것인가. 이 노인네의 의미심장한 농담을 파악할 수 있어야 비로소 노인네의 함정에서 벗어날 수 있을 것이다. 위대한 스승들은 언어를 초월한 경지를 그저 농담처럼 말할 때가 있다.

송(頌)

和尚也併却이여
화 상 야 병 각

龍蛇陳上看謀略이라
용 사 진 상 간 모 략

令人長憶李將軍하니
영 인 장 억 이 장 군

萬里天邊飛一鶚이로다
만 리 천 변 비 일 악

- **용사진(龍蛇陳)**

  마치 용이나 뱀이 움직이듯이 적에 대응하는 진법. 머리를 공격당하면 꼬리가 와서 공격하고 꼬리를 공격당하면 머리가 와서 공격하며, 중간이 공격당하면 머리와 꼬리가 와서 협공을 함. 즉 어느 곳을 공격당해도 적절히 대응할 수 있는 지모를 갖춘 진법임.

- **이장군(李將軍)**

  한(漢)나라 때의 이광(李廣) 장군. 적에게 체포되었으나 오히려 적의 말을 빼앗아 타고 돌아왔고, 적들도 그를 두려워하고 칭송하여 비기장군(飛騎將軍)이라 불렀음.

스님께서도 입 다물고 말씀해 보시지요,
용사진의 위에서 멋진 전략을 봄이로다.
사람들이 길이 이장군을 생각하게 하니,
만 리 하늘가 물수리 한 마리 나는구나.

강설(講說)

설두선사는 송의 제1구와 제2구에서 "스님께서도 입 다물고 말씀해 보시지요, 용사진의 위에서 멋진 전략을 봄이로다."라고 하여 오봉스님의 면모를 잘 드러내고 있다.

"입을 다물고 말을 해 보라!"는 백장선사의 질문은 어떤 공격에도 대응할 수 있는 용사진(龍蛇陳)과도 같은 것이었다. 섣불리 잘못 덤볐다가는 아주 크게 혼이 날 것이다. 하긴 모든 선지식들의 말씀은 농담인 듯 진담인 듯 반야보검을 감추고 있으니, 번개처럼 간파할 안목도 없이 함부로 덤비다간 목이 잘린다.

오봉(五峰)스님은 그 스승에 그 제자라는 말이 아주 잘 어울리는 선사이다. 스승이 뽑아든 칼을 재빨리 빼앗아 바로 스승을 겨누었다. 물론 거기에 당할 백장 노인네는 아니다. 하지만 제자 오봉스님에게는 능히 스승이 펼치는 용사진의 전략을 꿰뚫어 보는 안목이 있었던 것이다.

송의 제3구와 제4구에서 설두 노인네는 "사람들이 길

이 이장군을 생각하게 하니, 만 리 하늘가 물수리 한 마리 나는구나."라고 하여 오봉스님을 극찬하고 있다.

백장스님은 어떤 사람도 능히 사로잡는 솜씨를 지니셨다. 그러나 비록 사로잡는다고 해도 사람에 따라서 그 결과는 전혀 달라진다. 적진 깊이 들어갔다가 사로잡혔지만 지혜로 적의 말을 빼앗아 탈출한 이광 장군처럼, 백장스님의 질문에 당황할 만도 하련만 오봉스님은 백장스님의 말을 빼앗아 타고 유유히 탈출해 버린다. 무엇이 적진이고 무엇이 백장선사의 말인지를 잘 간파해야만 한다.

스승과 제자인 두 선사를 보면 아름다운 그림이 그려진다. 백장스님은 마치 아득한 하늘 같다. 작은 새들이 그 아득한 하늘을 보고 미리 포기해버리고 수풀에 몸을 감춰 목숨을 구하려고 애쓰는 동안, 오히려 그 아득한 하늘을 즐기는 용맹스럽고 자유자재한 물수리가 있었다. 공부한 사람이라면 적어도 이 정도는 되어야 한다. 해탈이란 머리로 이해하는 것이 아니다. 보이지 않는 무쇠상자를 단번에 부숴버리고 무한한 창공으로 날아올라야 한다.

제72칙

백장 상아아손
(百丈喪我兒孫)

백장선사
자손을 잃었다 하심

"어리석은 사람은 자신의
어리석음으로 상대를 판단한다"

부처님 법이 해인사 법보전(장경각)에 있다고 하지 말라.
그렇다고 그곳에 불법이 없다고 말하면 더욱 어긋난다.

운암 담성(雲巖曇晟, 782~841)선사는 당대(唐代)의 선승이다. 강서성 종릉(鐘陵) 남성현(南城縣) 건창(建昌) 출신으로 어려서 출가하였다. 백장선사의 시자로 20년을 모시면서 공부했지만 깨닫지를 못했다. 그 후 도오(道吾)스님과 함께 약산(藥山)의 유엄(惟儼)선사를 찾았다.

〈약산〉 "백장스님 밑에서 무슨 일을 했는가?"

〈운암〉 "투철하게 생사를 벗어나는 일을 했습니다."

〈약산〉 "투철하게 벗어났는가?"

〈운암〉 "저에게는 생사가 없습니다."

〈약산〉 "백장스님 밑에서 20년 동안 공부를 하고서도 번뇌에서 벗어나지를 못했구나."

약산스님에게서 떠나 남전선사를 찾았지만 역시 깨닫지를 못하자, 다시 약산스님 아래에서 열심히 정진하여 깨달음을 인정받았다.

이후에 호남성 담주(潭州)의 운암산(雲巖山)에 머물면서 후학들을 지도하였다. 법호는 바로 이 산의 이름에서 비롯된 것이다. 조동종의 개조인 동산 양개(洞山良价)선사가 바로 운암선사의 법제자이다.

본칙(本則)

擧 百丈又問雲巖호대 併却咽喉唇吻하
거 백 장 우 문 운 암 병 각 인 후 순 문

고 作麼生道오 巖云 和尚有也未아 丈云
자 마 생 도 암 운 화 상 유 야 미 장 운

喪我兒孫이로다
상 아 아 손

이런 얘기가 있다.

백장선사께서 다시 운암스님에게 물었다.

"목구멍과 입술을 사용하지 않고 어떻게 말하겠느냐?"

운암스님이 말하였다.

"스님께서는 그러실 수 있겠습니까?"

백장선사께서 말씀하셨다.

"내 제자를 잃었구나."

강설(講說)

백장선사께서는 세 번째로 함께 있는 담성스님에게도 똑같은 질문을 던졌다. "입을 사용하지 않고 말할 수 있겠느냐?" 앞에서 두 사형의 명쾌한 답을 들었지만, 담성스님은 그저 평범한 답을 하고 있다. "스님께서는 그러실 수 있습니까?"

천하의 보검을 아이에게 주면 장난질이나 할 것이고, 요리하는 사람에게 주면 식재료나 자를 것이며, 나무하는 사람에게 주면 땔나무 장만하는 데 사용할 것이다. 만약 지혜로운 대원수에게 준다면 그는 천하를 태평케 할 것이다. 그러니 천하의 대장군이 아니라면 명검을 주어봤자 아무 영험이 없다.

노선사의 한탄이 무엇을 가리키는가. "내 제자를 잃었구나." 노선사의 한탄처럼, 결국 담성스님은 백장선사의 법제자가 되지는 못하였다. 어리석은 사람은 항상 자신의 어리석음으로 상대를 추측하거나 판단한다. 그래서 상대를 제대로 간파할 수가 없다. 그런 사람일수록 자신의 아만은 버리지 못한다.

송(頌)

和尚有也未아
화 상 유 야 미

金毛獅子不踞地로다
금 모 사 자 불 거 지

兩兩三三舊路行하니
양 양 삼 삼 구 로 행

大雄山下空彈指로다
대 웅 산 하 공 탄 지

- **금모사자(金毛獅子)**

  금빛 털의 사자. 대개 부처님을 뜻함.

- **대웅산(大雄山)**

  백장선사가 머무셨던 백장산(百丈山)의 다른 이름.

- **탄지(彈指)**

  손가락을 튕김. 경책의 행위.

스님은 입 다물고 말할 수 있습니까?
금빛 사자가 땅에 웅크리지 않았구나.
둘이거나 셋이거나 옛길로만 가나니,
대웅산 아래서 헛되이 손가락 튕겼네.

강설(講說)

송의 제1구와 제2구에서 설두선사는 "스님은 입 다물고 말할 수 있습니까? 금빛 사자가 땅에 웅크리지 않았구나."하시어 운암스님의 당시 수준을 정리하셨다.

스승인 백장선사께서 "입을 다물고 말할 수 있겠느냐?"라고 큰 기회를 주셨는데, 운암스님은 "스님께서는 그러실 수 있습니까?"라고 그저 평범한 답을 하고 말았다. 이건 답이 아니라 자신이 그럴 수 없음을 스승탓으로 돌리고 있는 비겁한 행위이다. 어리석은 사람들은 대부분 이렇게 대응한다. 아무리 뛰어난 사자라도 준비를 하지 않은 상태에서는 토끼 한 마리도 잡을 수 없는 법이다. 운암스님이 비록 뛰어난 인재이긴 하지만, 아직은 준비가 되어있지 않았으니 어쩌겠는가.

설두 노인네는 제3구와 제4구에서 "둘이거나 셋이거나 옛길로만 가나니, 대웅산 아래서 헛되이 손가락 튕겼네."라고 하시어 안타까워하셨다.

공부한다는 많은 이들이 부처님의 말씀을 앵무새처럼 되풀이하거나 옛 선지식의 언행을 흉내 내기에 급

급하다. 그 말이나 행위만을 보자면 잘못된 것이 없지만, 그러나 말하는 이는 그 말이 가리키는 곳을 보지 못하고, 그 행위의 궁극을 모르고 있으니 딱한 노릇이다.

운암스님의 말만 보면 그럴듯해 보이지만 운암의 경지를 보면 백장선사께서 가리켜 보인 곳을 전혀 보질 못했다. 운암을 위한 백장스님의 노력은 부질없는 것이 되고 말았다.

제73칙

마조 백비
(馬祖百非)

마조선사의
논리를 떠난 자리

"주인공 자리에 서기 전에는 누가
감히 안다고 하겠나"

이 부도들의 주인과 문답을 나눌 수 있다면
능히 마조대사를 알리라.

강설(講說)

참다운 법문은 개인의 의도가 없어야 하는 것이며, 억지로 무엇을 보여주려 해서는 안 된다. 또한 설법을 듣는다는 것은 자기의 분별로 재어봄이 없어야 하며, 정해진 경지를 얻겠다는 관념마저도 없어야 하는 것이다. 그렇지만 이것은 설법을 하지 않는 것과 다르며, 설법을 듣지 않는 것과도 분명히 다른 것이다.

만약 이렇게 설법하고 이렇게 설법을 듣는 경지라면 그럴듯하다고 인정할 수 있겠다.

자, 설법을 들으면서 무언가를 찾겠다고 구하겠다고 이리저리 재고 있다면 그 허물을 어떻게 할 것인가? 화두가 가리키는 것을 곧바로 볼 수 있는 안목을 지녔는가? 그렇다면 다음의 본칙을 볼 자격이 있겠다.

서당 지장(西堂智藏, 735년~814년)선사는 당(唐)의 선승으로 마조선사의 법제자이다. 강서성 건화 출신으로 8세에 출가하여 25세에 구족계를 받았으며, 마조선사의 지도를 받고 깨달아 법제자가 되었다. 뒷날 고향인 강서성 건주 서당선원에 머물면서 많은 후학을 지도하였다. 법제자 중에는 신라승 계림 도의(鷄林道義)선사, 본여(本如)선사, 홍척(洪陟)선사, 혜철(慧徹)선사 등이 있다. 그중에 도의선사는 귀국한 뒤 가지산문의 개조가 되었고, 홍척선사는 실상산문의 개조가 되었다. 입적 후 목종(穆宗)이 대각선사(大覺禪師)란 시호를 내렸다.

본칙(本則)

擧 僧問馬大師호대 離四句絶百非하고
거 승 문 마 대 사 이 사 구 절 백 비

請師直指某甲西來意하소서 馬師云 我
청 사 직 지 모 갑 서 래 의 마 사 운 아

今日勞倦하야 不能爲汝說이니 問取智藏
금 일 노 권 불 능 위 여 설 문 취 지 장

去하라 僧問智藏하니 藏云 何不問和尙고
거 승 문 지 장 장 운 하 불 문 화 상

僧云 和尙教來問이니다 藏云 我今日頭
승 운 화 상 교 래 문 장 운 아 금 일 두

痛이라 不能爲汝說이니 問取海兄去하라
통 불 능 위 여 설 문 취 해 형 거

僧問海兄하니 海云 我到這裏卻不會로다
승 문 해 형 해 운 아 도 저 리 각 불 회

僧擧似馬大師하니 馬師云 藏頭白海頭
승 거 사 마 대 사 마 사 운 장 두 백 해 두

黑이니라
흑

- **사구백비(四句百非)**

  불교에서 온갖 이론이나 논설을 규명하는 방식.

  사구(四句) : 불교에서 모든 현상을 판별하는 네 가지 형식. 곧, 제1구 긍정(有), 제2구 부정(無), 제3구 긍정이면서 부정(亦有亦無), 제4구 긍정도 아니고 부정도 아님(非有非無). 유(有)와 무(無)의 자리에 시(是)와 비(非), 일(一)과 이(異), 상(常)과 무상(無常), 자(自)와 타(他) 등을 놓아도 됨.

  백비(百非) : 유(有)와 무(無) 등의 모든 개념 하나하나에 비(非)를 붙여 그것을 부정하는 것. 관념적인 모든 것을 부정해 버림, 사구의 낱낱이 다른 셋을 포용하므로 4×4=16, 16×3(과거 · 현재 · 미래)=48. 48×2(일어난 것 · 일어나지 않은 것)=96, 96+4(사구)=100

- **해형(海兄)**

  회해사형(懷海師兄)의 줄임말.

• **장두백해두흑(藏頭白海頭黑)**

지장의 머리는 희고 회해의 머리는 검다. 지장의 솜씨가 뛰어나긴 하지만 회해는 그보다 더하다. 옛 고사(故事)를 인용해서 한 말.

옛날 민(閔)이라는 곳에 후백(侯白)과 후흑(侯黑)이라는 두 산적이 있었다. 어느 날 후흑이 어떤 여인과 우물가에서 근심스런 얼굴로 서 있는 것을 보고 후백이 무슨 일이냐고 물었다. 후백은 깊은 우물 속에 여인의 귀걸이가 빠졌는데, 자기는 물을 무서워해서 도울 방법이 없다고 했다. 그러면서 후백에게 귀걸이를 건져오면 여인이 귀걸이의 반값을 지불한다고 했다는 말을 했다. 후백은 귀걸이를 찾아도 찾지 못했다고 하며 자신이 갖기로 꾀를 내었다. 우물가에 옷과 소지품을 두고 우물 속에 들어갔으나 귀걸이가 없었다. 허탕을 치고 우물 위로 올라와 보니 후백과 여인이 소지품을 가지고 사라지고 없었다. 그때에야 속은 줄 알고 '아조후백(我早侯白) 이갱후흑(伊更侯黑)' '내 솜씨가 좋은 줄 알았더니, 저놈(후흑)이 더하구나!' 했다고 한다.

이런 얘기가 있다. 어떤 스님이 마조대사께 여쭈었다. "사구를 여의고 백비를 떠나 큰스님께서 제게 달마조사께서 서쪽에서 오신 뜻을 곧바로 가르쳐 주옵소서."

마조대사께서 말씀하셨다. "내가 오늘 많이 피곤하여 자네에게 말해 줄 수 없으니 지장에게 물어보게나."

그 스님이 지장스님에게 물으니, 지장스님이 말했다. "어째서 큰스님께 여쭙지 않는가?"

그 스님이 말했다. "큰스님께서 스님께 가서 물어보라고 하셨습니다."

지장스님이 말하였다. "내가 오늘 머리가 아파서 스님에게 말해 줄 수 없으니 회해사형께 물어보게나."

그 스님이 회해스님에게 물으니 회해스님이 말했다. "나는 그것에 대해 도저히 모르겠다."

그 스님이 마조대사께 그 얘기를 전하니, 마조대사께서 말씀하셨다. "지장의 머리는 희고, 회해의 머리는 검구나."

강설(講說)

세상에는 이런 재미있는 스님들도 있었다. 하긴 원래 공부한 스님들은 재미있다. 이해를 못 하면 썰렁하게 느껴지는 단점이 있기는 하다.

공부하는 스님이 마조큰스님을 찾아뵙고 어마어마한 질문을 던졌다. 온갖 말과 논리 등을 떠나서 달마대사께서 중국으로 오신 참된 뜻을 가르쳐 달라고 요청을 한 것이다. 그 무거운 것을 어찌 마조선사에게까지 들고 왔을까? 어쨌거나 마조스님은 피곤하다며 일견 피하는 듯이 곧바로 답을 해 주셨다. 요청한 스님을 보니 질문은 거창했는데, 자신이 무슨 질문을 하는지도 모르고 있다. 자신이 사구백비를 떠난 답을 요청했으면서 자신은 사구백비를 좇고 있다. 그는 마조선사의 마음이 아니라 그 말을 따랐다. 그래서 시킨 대로 지장스님을 찾았다.

지장스님은 단박 이상하다는 것을 알았다. 그래서 되물었다. "왜 마조큰스님께 여쭤보지 않는 것인가?" 그 스님의 답을 듣고는 스승의 마음을 읽었다. 그래서 스승과 똑같은 답을 하였다. 두통을 핑계 삼아 사형인 백장 회해스님에게 물어보라고 한 것이다. 그런데 백장스님은 직답을 했다. "나는 그것에 대해 도저히 모르겠다." 정말로 친절하고 시원한 답이었으나 질문한 스님은 여전히 깜깜하다.

한 바퀴를 돌아 다시 마조선사를 찾아뵙고 겪은 일을 말씀드렸다. 마조선사께서는 엉뚱한 말씀을 하시는 듯이 재차 답을 해 주셨다. 하지만 어쩌랴, 깜깜한 것을.

송(頌)

藏頭白海頭黑이여
장 두 백 해 두 흑

明眼衲僧會不得이로다
명 안 납 승 회 부 득

馬駒踏殺天下人하니
마 구 답 살 천 하 인

臨濟未是白拈賊이라
임 제 미 시 백 념 적

離四句絶百非여
이 사 구 절 백 비

天上人間唯我知로다
천 상 인 간 유 아 지

- **마구(馬駒)**

  마조대사의 망아지. 즉 마조대사께서 하신 장두백해두흑(藏頭白海頭黑)의 한 구절.

- **임제미시백념적(臨濟未是白拈賊)**

  임제스님이 백주에 남의 물건을 훔치는 뛰어난 도둑인줄 알았는데, 마조선사의 솜씨에는 미치지 못한다는 뜻.

  임제선사가 어느 날 대중에게 말했다. "붉은 고깃덩어리(몸)에 무위진인(無位眞人)이 있어 항상 그대들 얼굴 기관으로 출입한다. 이를 경험하지 못한 자는 잘 살펴보아라."

  그때 어떤 스님이 질문을 했다. "어떤 것이 무위진인입니까?"

  임제스님이 선상(禪床)에서 내려와 그의 멱살을 잡고 외쳤다. "말해라, 말해!"

  그 스님이 아무 말을 못하자, 임제스님께서 그 스님을 밀쳐버리며 말하였다. "무위진인이 무슨 마른 똥막대기냐."

  설봉 의존(雪峰義存)스님이 뒤에 이 얘기를 듣고는 임제스님을 칭찬하여 말하길 임제대사백념적(臨濟大似白拈賊) 즉 "임제스님은 대낮에 남의 물건을 훔치는 뛰어난 도적이다."라고 하였다. 백념적(白拈賊)은 '멀건 대낮에 남의 물건을 훔치는 사람'이라는 뜻. 날강도.

지장머리는 희고 회해머리는 검음이여,
눈이 밝은 수행승도 깨닫지를 못하네.
마조의 말이 천하 사람들을 밟아 죽이니,
임제는 뛰어난 도적이라 할 수가 없구나.
사구를 여의고 백비를 떠남이여,
천상과 인간에서 오직 나만 안다네.

강설(講說)

설두선사는 송의 제1구와 제2구에서 "지장머리는 희고 회해머리는 검음이여, 눈이 밝은 수행승도 깨닫지를 못하네."라고 하였다.

마조선사께서 점검한 후 마지막으로 하신 말씀의 참뜻을 누가 쉽게 알아보겠는가. 이리저리 머리 굴려 해석하느라 바쁠 뿐이라네.

송의 제3구와 제4구에서 설두선사는 "마조의 말(馬駒)이 천하 사람들을 밟아 죽이니, 임제는 뛰어난 도적이라 할 수가 없구나."라고 하였다. 설봉(雪峰)선사가 임제선사를 칭찬하여 대낮에 남의 물건을 훔칠 정도로 뛰어난 솜씨를 지녔다고 한 것과 비교한 것이다.

마조스님의 한 마디가 천하의 모든 사람들의 마음을 빼앗았으니, 이야말로 날강도 중에 날강도이다. 그러므로 임제스님이 후학을 지도한 방법이 탁월하다고는 하지만, 마조선사의 솜씨에 비하면 아직 멀었다.

설두 노인네는 송의 제5구와 6구에서 "사구(四句)를

여의고 백비(百非)를 떠남이여, 천상과 인간에서 오직 나만 안다네.”라고 하여 섣부른 짓에 대해 촌평하였다.

모든 언설과 논리를 떠나서 한 마디 할 사람이 누구란 말인가. 모두가 엉뚱하게도 사구백비(四句百非)를 좇느라 바쁘구나. 정말로 주인공 자리에 서기 전에는 누가 감히 안다고 하겠는가.

제74칙

금우 작무
(金牛作舞)

금우화상이 춤을 춤

"보살들이여, 공양하시오"…
춤추면서 껄껄 웃은 뜻

포대화상의 포대에는 무엇이 들어 있었던 것일까?
포대화상이 사람들에게 주려고 했던 것은 무엇이었을까?

강설(講說)

모든 것 잘라버리는 막야 보검 같은 지혜를 자유자재하게 쓰는 사람은 모든 번뇌 망상을 단번에 잘라버리고, 분별 떠난 밝은 마음은 너무나 고귀하기에 어떤 난해한 글귀라 하더라도 청정법신을 드러나게 한다.

범부로서는 짐작도 할 수 없는 평온하고 비밀스러운 마음의 경지에서 일상생활을 자유자재로 하나니, 깨달은 이들의 자유자재한 신통묘용(神通妙用)의 경지를 제 깜냥대로 생각하고 행동하는 사람들로서는 이해하기도 어렵다.

『논어(論語)』〈위정편(爲政篇)〉에서 공자(孔子, 기원전 551~479)는 "일흔이 되자 마음 내키는 대로 하여도 법도에 어긋남이 없게 되었다(七十而從心所欲不踰矩)"라고 했으니, 일반 사람이 자유자재한 경지에 이른다는 것이 참으로 쉽지 않음을 짐작할 것이다.

금우화상(金牛和尙)은 생몰연대가 밝혀져 있지 않다. 당대(唐代)의 스님으로 진주(鎭州) 출신인데, 마조 도일(馬祖道一)선사의 법제자이다.

장경 혜릉(長慶慧稜, 854~932)선사는 당말(唐末)의 선승이다. 절강성 항주 염관(鹽官) 출신으로 13세에 강소성 소주 통현사(通玄寺)에 출가하였다. 설봉 의존(雪峰義存)선사의 법제자이다. 천우(天祐) 3년(906) 복건성 천주자사(泉州刺史) 왕정빈(王延彬)의 초청으로 초경원(招慶院)에 머물고, 이어 복건성의 장경원(長慶院)에 주석하였다. 초각(超覺)대사라는 호를 받았다.

본칙(本則)

擧 金牛和尚이 每至齋時에 自將飯桶하
거 금 우 화 상 매 지 재 시 자 장 반 통

야 於僧堂前作舞하며 呵呵大笑云 菩薩
어 승 당 전 작 무 가 가 대 소 운 보 살

子야 喫飯來하라하니라 雪竇云 雖然如此나
자 끽 반 래 설 두 운 수 연 여 차

金牛不是好心이로다 僧問長慶호대 古人
금 우 불 시 호 심 승 문 장 경 고 인

道 菩薩子야 喫飯來하라하니 意旨如何닛고
도 보 살 자 끽 반 래 의 지 여 하

慶云 大似因齋慶讚이니라
경 운 대 사 인 재 경 찬

- **재(齋)**

  범어 우빠와사타(upavasatha)에서 비롯된 말로 부처님과 제자들이 공양 초청을 받으면 법문이나 상담을 동시에 하셨기에 불공의식을 중심으로 한 법회를 뜻하게 되었다. 여기에서 재시(齋時)는 문맥상 점심 공양시간을 뜻한다고 볼 수 있다.

- **대사(大似)**

  매우 비슷함. 흡사함.

- **경찬(慶讚)**

  불보살(佛菩薩)과 조사(祖師)의 공덕(功德)을 찬탄(讚歎)함.

이런 얘기가 있다. 금우화상은 매일 점심공양 때가 되면 스스로 밥통을 들고 승당 앞에서 춤을 추면서 껄껄 웃으며 말했다. "보살들이여 공양하시오."

〈여기에 대해 설두스님이 촌평을 하였다. "비록 그렇긴 하나 금우스님이 좋은 마음으로 그런 것은 아니다."〉

(뒷날) 어떤 스님이 장경선사께 여쭈었다. "옛사람(금우화상)이 '보살들이여 공양하시오' 하였는데, 어떤 뜻입니까?"

장경선사께서 답하셨다. "공양 때에 불보살님을 찬탄하면서 감사히 먹겠습니다. 라고 하는 것과 흡사한 것이지."

강설(講說)

금우화상에 대한 자세한 기록은 전하지 않으나 설봉선사의 법제자라는 사실만으로도 스님의 선기(禪機)를 알 수 있겠다. 이 금우화상은 점심공양 때가 되면 손수 밥통을 들고 모든 대중이 공양을 하는 승당 앞에서 춤을 추면서 껄껄 웃고는 "보살들이여, 공양하시오."하였다고 전한다.

부처님께서는 법문을 하시면서 "선남자(善男子) 선여인(善女人)이여!"라고 하셨고, 혜능선사께서는 설법하시면서 "선지식(善知識)이여!" 라고 하셨다. 과연 이 말씀을 감당할 만한 사람이 얼마나 되겠는가. 이 뜻을 분명히 안다면, 금우화상의 춤과 말씀을 알 수 있을 것이다.

하지만 섣부른 판단은 삼가야 한다. 그래서 설두스님께서는 "그렇긴 하지만 결코 단순히 좋은 마음으로 한 것이 아니다."고 촌평을 한 것이다.

이 일을 가지고 뒷날 어떤 스님이 장경선사께 그 뜻을 여쭈었더니, 아주 평범한 듯 말씀해 주셨다. "공양

때에 부처님 찬탄하며 '감사히 먹겠습니다'하는 것과 비슷하지." 이 장경선사야말로 심보가 고약하다. 구덩이를 파 놓고 한꺼번에 장례를 치르겠다는 것이 아니고 무엇인가. 하지만 이런 조치를 취하지 않으면 대부분 잘못된 버르장머리를 고칠 생각도 하질 않으니 어쩌겠는가.

내가 은사스님을 모신 지 몇 개월이 흐른 뒤에야 스승님께서는 이렇게 말씀하셨다. "자네 밥 먹어도 되겠군!"

송(頌)

白雲影裏笑呵呵여
백 운 영 리 소 가 가

兩手持來付與他로다
양 수 지 래 부 여 타

若是金毛獅子子면
약 시 금 모 사 자 자

三千里外見誵訛하리
삼 천 리 외 견 효 와

흰 구름 그림자 속에서 껄껄 웃음이여,
두 손으로 가져다 저들에게 주는구나.
만약 이에 금빛 털의 사자 새끼라면,
삼천리 밖에서도 잘못된 것 알아보리라.

강설(講說)

설두선사는 제1구와 제2구에서 "흰 구름 그림자 속에서 껄껄 웃음이여, 두 손으로 가져다 저들에게 주는구나."라고 하여 금우화상의 행위에 대해 은근히 비밀을 풀어놓는 듯하면서 다시 함정을 파 놓고 있다.

금우화상이 껄껄대고 웃었던 까닭을 알겠는가? 금우화상의 그림자라도 보았는가? 그럴 수 있다면 마음대로 밥을 먹어도 좋을 것이다.

아직도 여전히 금우화상이 밥을 가져다주었다고 생각한다면, 그야말로 잿밥에 눈이 먼 것이다. 그럼 무엇을 가져와서 주었을까? 글쎄 그게 누가 누구에게 줄 수 있는 것일까? 가장 중요한 것은 어느 누구도 다른 사람에게 줄 수가 없고 받을 수도 없다.

설두 노인네는 송의 제3구와 제4구에서 "만약 이에 금빛 털의 사자 새끼라면, 삼천리 밖에서도 잘못된 것 알아보리라."라고 하여 은근히 후학들을 경책하고 있다.

만약 안목이 있는 사람이라면 금우화상의 이 춤과 공양이 참으로 가공할 만한 속임수임을 단박에 알아차릴 것이다. 황금빛 사자 새끼의 자질을 갖춘 자가 금우화상의 밥을 먹는다면 죽었다가 완벽하게 부활하지만, 여우 새끼가 금우화상의 밥을 먹으면 그냥 죽고 만다. 자신이 황금빛 사자 새끼인지 아니면 잔머리나 굴리는 여우 새끼인지를 스스로 살펴보라.

제75칙

오구문법도
(烏臼問法道)

오구스님이
법도를 묻다

"모든 능력 사용케 한 후
진심으로 승복케 하는 솜씨"

한산과 습득의 언행은 연꽃이 물에 있는 것 같았다.
화엄대선사(華嚴大禪師)의
한산습득도(寒山拾得圖) 연화재수(蓮花在水).

강설(講說)

깨달음에 이른 선지식들끼리 만나면 어떠할까? 찰나마다 지혜의 보검을 쓰게 될 것이다. 상대를 돌이킬 수 없는 곳까지 몰아붙이기도 하고, 또한 상대를 극진히 대접하기도 한다. 반야의 검이 저쪽에서 번쩍이다가 어느덧 이쪽에서 번쩍이고 있으며, 어느 때는 산 정상에 서 있다가 어느덧 진펄에서 놀고 있다.

서로 상대를 부정하고자 한다면 완전히 부정해 버리고, 상대를 긍정하려고 한다면 완전히 인정한다.

누가 누구를 지도하고 지도 받는다는 것도 없고, 내 견해와 상대의 견해라는 것도 사라진다면 과연 무슨 일이 일어날까?

오구화상(烏臼和尙)은 마조 도일선사의 법제자라는 것 외에는 알려진 것이 없다.

정주화상(定州和尙)은 당대(唐代) 석장화상(石藏和尙, 718~800)으로 북종선 신수(神秀)화상의 3대 법손(法孫)이며 숭산(崇山) 보원화상(普願和尙)의 법제자이다.

본칙(本則)

擧 僧이 從定州和尚會裏하야 來到烏臼
거 승 종 정 주 화 상 회 리 내 도 오 구

하니 烏臼問 定州法道何似這裏오 僧云
오 구 문 정 주 법 도 하 사 저 리 승 운

不別이니다 臼云 若不別인댄 更轉彼中去
불 별 구 운 약 불 별 갱 전 피 중 거

하라하고 便打라 僧云 棒頭有眼커니 不得
변 타 승 운 봉 두 유 안 부 득

草草打人이어다 臼云 今日打着一箇로다
초 초 타 인 구 운 금 일 타 착 일 개

하고 也又打三下하니 僧便出去어늘 臼云
야 우 타 삼 하 승 변 출 거 구 운

屈棒元來有人喫在니라 僧轉身云 爭奈
굴 방 원 래 유 인 끽 재 승 전 신 운 쟁 나

杓柄在和尚手裏리오 臼云 汝若要면 山
작 병 재 화 상 수 리 구 운 여 약 요 산

僧이 回與汝하리라 僧이 近前하야 奪臼手
승 회 여 여 승 근 전 탈 구 수

中棒하야 打臼三下하니 臼云 屈棒屈棒이
중 봉 타 구 삼 하 구 운 굴 방 굴 방

로다 僧云 有人喫在니다 白云 草草打着
승운 유인끽재 구운 초초타착

箇漢이로다 僧便禮拜하니 白云 和尚却恁
개한 승변예배 구운 화상각임

麽去也아 僧大笑而出하니 白云 消得恁
마거야 승대소이출 구운 소득임

麽로다 消得恁麽로다
마 소득임마

- **초초(草草)**

  바빠서 대충함. 공연히. 경솔하게.

- **굴방(屈棒)**

  억울한 몽둥이질.

- **끽재(喫在)**

  당하고 있음, 맞기만 하고 있음.

- **작병(杓柄)**

  주걱. 나무로 된 국자 자루. 몽둥이.

- **소득(消得)**

  할 수 있다. 소(消)는 '행하다'의 뜻.

이런 얘기가 있다. 한 스님이 정주화상의 회상에서 공부하다가 오구화상을 찾아왔다. 오구화상이 물었다. "정주화상의 법도는 이곳과 무엇이 같은가?"

그 스님이 답했다. "다르지 않습니다."

오구화상이 말했다. "만약 다르지 않다면 다시 그곳으로 돌아가거라."하고 바로 쳤다.

그 스님이 말했다. "몽둥이에도 눈이 있을 것인데 함부로 사람을 치지 마십시오."

오구화상이 말했다. "오늘은 한 놈만 팬다." 하면서 또 세 번을 쳤다.

그 스님이 휙 나가자, 오구 스님이 말했다. "본디 억울한 몽둥이를 맞기만 하는 놈이 있긴 하지."

그 스님이 휙 몸을 돌리며 말했다. "몽둥이가 화상의 수중에 있으니 어쩝니까?"

오구화상이 말했다. "만약 네가 필요하다면 내가 너에게 빌려주겠다."

그 스님이 가까이 다가가 오구화상 손에 있는 몽둥이를 뺏어서 오구화상을 세 번 때렸다.

오구화상이 말했다. "억울한 매로다, 억울한 매야."

그 스님이 말했다. "어떤 사람이 억울하게 맞았습니다."

오구화상이 말했다. "함부로 치는 친구로군!"

그 스님이 곧바로 절을 하자, 오구화상이 말했다. "화상은 도리어 이렇게 하는군!"

그 스님이 껄껄 웃고 나가자, 오구화상이 말했다. "이럴 수 있다니, 이럴 수 있다니!"

강설(講說)

한편의 멋진 즉흥극이 벌어졌다. 이 구경을 하지 못했다면 억울했을 것이다.

정주화상의 제자가 오구화상을 찾아오자, 오구화상이 물었다. "정주화상의 법도와 나의 법도가 같은가 다른가?" 그러자 그 스님이 "다르지 않다"고 답했다. 어쩌면 대화는 여기에서 그쳤을 수도 있었다. 그러나 오구화상은 평범한 분이 아니었다. 다르지 않다면 왜 쓸데없이 여길 왔느냐며 몽둥이로 후려쳤다. 그러자 그 스님이 역습을 가했다. "화상은 안목도 없습니까? 아무나 함부로 패게!" 하지만 오구화상은 여기서 멈추지를 않았다. 모처럼 상대가 되는 이를 만나면 누구라도 오구화상처럼 할 것이다. "아무나 함부로 패다니. 나는 오늘 맞을 놈을 패는 거지." 그러면서 계속 몽둥이질을 해댔다.

그 스님이 얼른 몸을 피해 나가자, 오구화상이 염장을 질렀다. "본디 이유 없이 매를 맞고도 어쩌지를 못하는 놈들이 있지." 그러자 그 스님이 획 몸을 돌리며 퉁명스럽게 말했다. "화상이 몽둥이를 가졌으니 어쩝니까?" 오구화상이 다시 염장을 질렀다. "몽둥이를 주면 나를 때릴 수나 있겠느냐?" 그러자 그 스님은 곧바로 몽둥이를 뺏어서 오구화상을 세 번이나 때렸다. 매를 맞은 오구화상이 엄살을 부렸다. "괜스레 맞는군, 괜스레 맞아!" 그 스님이 말했다. "누군가 억울하게 맞았지요."

이 말을 들은 오구화상이 말했다. "이 친구 참 함부로 사람을 치는군!" 그러자 그 스님이 얼른 큰절을 올렸다. 이 절의 의미가 무엇일까? 참회하는 것인가? 만약 참회의 행위라면 항복의 백기를 든 셈인데, 그럴 것 같으면 몽둥이를 뺏어서 치지도 않았을 것이다. 오구화상이 절을 하는 스님에게 말했다. "자네 이렇게도 할 줄 아는군!"

그 스님이 껄껄 웃으며 나가자, 등 뒤에 대고 말했다. "이런 친구 봤나, 이런 친구라니!"

자! 구경한 값을 단단히 치러야 할 것이다.

송(頌)

呼卽易나 遣卽難이니
호 즉 이　견 즉 난

互換機鋒子細看하라
호 환 기 봉 자 세 간

劫石固來猶可壞며
겁 석 고 래 유 가 괴

滄溟深處立須乾이라
창 명 심 처 립 수 건

烏臼老 烏臼老여
오 구 로　오 구 로

幾何般고
기 하 반

與他杓柄太無端이로다
여 타 표 병 태 무 단

- **기봉(機鋒)**

  창이나 칼의 날카로운 끝. 번뜩이는 솜씨.

- **겁석(劫石)**

  반석겁(磐石劫) 또는 불석겁(拂石劫)의 비유에 나오는 바위. 가로 세로 높이가 40리 되는 바위를 100년에 한 번씩 부드러운 옷깃으로 스쳐 닳아 없어지는 세월을 1겁으로 계산하는 법.

- **창명(滄溟)**

  창해(滄海). 큰 바다.

- **심처립(深處立)**

  깊다고 하더라도. 立은 '존재하다'의 뜻.

- **기하반(幾何般)**

  몇 번이나(幾何) 그렇게 했던고(般). 般은 행동하다 나아가다.

- **무단(無端)**

  무모함. 함부로 행동함. 무단(無斷)과 같은 뜻.

부르기는 쉬워도 보내기는 어려우니,
번뜩이는 솜씨 서로 주고받음 자세히 보라.
엄청난 바위가 단단해도 오히려 부서지고,
푸른 바다가 깊다 하여도 반드시 마른다네.
오구 노인네여 오구 노인네여!
몇 번이나 그렇게 했던고?
몽둥이를 상대에게 준 것은 참 무모했네.

강설(講說)

설두 노인네는 "부르기는 쉬워도 보내기는 어려우니, 번뜩이는 솜씨 서로 주고받음 자세히 보라."고 하여 경계심을 끌어올렸다.

잡아들이는 것이야 솜씨 좋으면 할 수 있지만, 놓아 보내기는 그리 만만치 않다. 어째서일까? 죽이는 일은 쉽지만 살리는 일은 어려운 이치와 같다.

오구화상이야 그렇다고 쳐도 이름도 밝히지 않은 이 스님의 솜씨는 또 어떤가. 굽히지 않음, 당당함, 주어진 기회를 활용하는 솜씨까지 참으로 완벽하지 않은가. 어디 그뿐이랴. 다가서고 물러남이 참으로 여법하지 않은가. 물론 그렇게 할 수 있도록 기회를 준 오구 노인네의 솜씨 덕분이긴 하겠지만.

설두 노인네는 다시 "엄청난 바위가 단단해도 오히려 부서지고, 푸른 바다가 깊다 하여도 반드시 마른다네."고 하여 극찬을 하였다.

형상 있는 것이야 아무리 어마어마해도 반드시 끝이 있게 마련이다. 그러나 끝이 없는 것이 있으니, 그것은

모양을 떠난 것이다. 두 스님의 자유자재한 솜씨는 반석(磐石) 같은 상(相)도 부수어버리고, 바닷물 같은 망상도 순식간에 말려 버린다.

설두선사는 이어서 "오구 노인네여 오구 노인네여! 몇 번이나 그렇게 했던고? 몽둥이를 상대에게 준 것은 참 무모했네."라고 하여 오구화상을 칭찬했다.

오구화상은 참 독특했다. 이렇게 적극적으로 상대를 잡아들이고 놓아주고를 할 수 있다니, 참으로 놀라운 일이다. 예측불허이다. 선지식이라면 적어도 이래야 한다. 노인네의 솜씨를 더 볼 수 있었다면 참 좋았을 것을.

전장에서 상대 장수에게 자기의 보검을 내어 준 것은 어떤 배포이며 어떤 전략일까? 문득 젊은 석가세존께서 우루빈나 가섭을 만나 화룡의 굴에 스스로 들어간 일이 생각난다. 상대의 모든 능력을 다 사용케 한 후에 진심으로 승복케 하는 솜씨는 아무나 가지는 것이 아니다.

제76칙

끽반구안
(喫飯具眼)

밥을 먹을 안목

"고액과외로 좋은 대학 가면
자식의 지혜 열리는가"

누군가는 차를 제대로 마시는 사람이 있겠지.
개화사 수행다회(修行茶會).

강설(講說)

때로는 먼지처럼 작은 것, 때로는 얼음처럼 차가운 것, 때로는 용암처럼 뜨거운 것이 무엇일까? 언제나 온 우주에 충만한 것, 밝음과 어둠 따위를 초월하고 있는 것이 무엇일까?

낮추고 또 낮추어도 그 밑바닥을 볼 수 없는 것, 아무리 높게 올라도 꼭대기가 되지 않는 것이라니.

도망가는 놈 잡아들이고 웅크린 놈 풀어주기를 마음대로 하여 깨달음에 이르게 하는 묘책이 다 깃들어 있는 '이것'은 무엇일까? 장부라면 당연히 해결해야 하지 않겠는가.

단하 천연(丹霞天然, 739~824)선사는 당대(唐代)의 선승이시다. 유학(儒學)을 배운 후 과거(科擧)에 응시하기 위해 장안(長安, 西安)으로 가다가 한 선승(禪僧)으로부터 관리가 되는 과거(科擧)보다는 부처가 되는 과거를 보는 것이 어떻겠느냐는 말을 듣고 출가했다. 처음 마조(馬祖)선사를 친견한 후, 석두 희천(石頭希遷)선사를 찾아가 삼 년간 참학하였다. 다시 마조선사

에게로 돌아와 수행하던 어느 날 법당의 성상(聖像)에 올라가 앉아 있는 모습을 본 마조선사께서 "천연(天然)하도다." 하시니, 바로 내려와 절을 올리고는 "법호 감사합니다."고 하였다. 이로부터 천연이라고 호를 썼다. 낙양의 혜림사(慧林寺)에 들렸다가 추위에 법당의 목불을 태웠는데, 원주가 야단을 치자 "나는 사리를 얻고자 했을 뿐입니다."고 했다. 원주가 "목불에서 무슨 사리를 얻는다는 말이요?"고 하자, "사리가 없는 목불이라면 태운들 무슨 잘못이 있단 말이요!"고 응대했다고 한다. 하남성 남양(南陽)의 단하산(丹霞山)에 주석하니 가르침을 받으려는 이들이 3백여 명이나 모여 들어 큰 절을 이루었다고 한다. 86세가 되자 제자들에게 목욕을 시켜달라고 한 후, 지팡이를 든 채로 마루에 나앉으며 "나는 간다. 신을 신겨 다오."하여 신을 신고 한 발을 내디디며 입적했다. 시호는 지통(智通)선사.

장경 혜릉(長慶慧稜, 854~932)선사는 앞에서 설명했다.

본칙(本則)

擧 丹霞問僧호대 甚麽來오 僧云 山下來
거 단하문승 심마래 승운 산하래

니다 霞云 喫飯了也未아 僧云 喫飯了니다
하운 끽반료야미 승운 끽반료

霞云 將飯來與汝喫底人이 還具眼麽아
하운 장반래여여끽저인 환구안마

僧無語라 長慶問保福호대 將飯與人喫
승무어 장경문보복 장반여인끽

하니 報恩有分이어늘 爲什麽하야 不具眼고
보은유분 위십마 불구안

福云 施者受者二俱瞎眼이니다 長慶云
복운 시자수자이구할안 장경운

盡其機來에 還成瞎否아 福云 道我瞎得
진기기래 환성할부 복운 도아할득

麽아
마

이런 얘기가 있다. 단하선사께서 찾아온 스님에게 물었다. "어디에서 오느냐?"

그 스님이 답했다. "산 밑에서 왔습니다."

단하선사께서 물었다. "밥은 먹었느냐?"

그 스님이 답했다. "먹었습니다."

단하선사께서 물었다. "자네에게 밥을 먹게 해준 사람은 안목을 갖추었던가?"

그 스님이 아무 말도 못했다.

〈뒷날 이 얘기를 두고 장경스님과 보복스님이 대화를 했다.〉

장경스님이 보복스님에게 물었다. "다른 사람에게 밥을 먹게 해 주었으니 은혜를 갚기에 충분한데 어째서 안목을 갖추지 못했다고 했을까요?"

보복스님이 답하였다. "베푼 자나 받은 자나 둘 다 눈이 먼 것이지요."

장경스님이 말했다. "능력을 다 발휘해도 장님이 될까요?"

보복스님이 말하였다. "내게 장님이라고 말하는 것입니까?"

강설(講說)

수행자는 항상 깨어 있어야 한다. 바깥의 어떤 상황에도 끌려다녀서는 안 된다. 설사 위대한 선지식을 대할지라도 아차하면 속는다. 사실 바깥에 끌려다니는 그 자체가 자기의 망상이나 분별에 속는 것이다.

단하선사를 찾아온 이 스님도 열심히 선지식을 찾아다니기는 하지만 자기 안의 선지식은 감감 무소식이다. '어디에서 오느냐'는 질문에 '산 밑에서 온다'고 제법 말솜씨를 부려보지만 그것도 역시 분별이고 망상인 것을 어쩌랴. 설두선사께서는 한 번의 기회를 더 주셨다. "밥은 먹었느냐?" "먹었습니다." 상대는 역시나 어둡다. 이제 마지막 기회를 주셨다. "자네에게 밥을 먹게 해준 이는 안목을 갖추긴 했느냐?" 이 스님이 단하선사를 칠 수 있는 기회를 멀쩡히 서서 놓치고 말았다. 아무 말도 못한 것이다.

뒷날 장경스님이 사제인 보복스님에게 이 문제를 물었다. "밥을 먹게 해준 이는 그것으로도 은혜를 갚을 만한 충분한 자격이 있는데, 어째서 안목이 없다고 한 것입니까?” 보복선사의 답은 참 시원하다. “은혜 따위가 무슨 소용이 있겠습니까. 둘 다 장님인 것을요.” 이 대목에서 맹목적인 부모의 사랑을 생각하게 된다. 상상불허의 고액과외를 시켜서 소위 좋은 대학에 입학시켜 주면 자식의 지혜가 열리는 것일까? 잘 길들여진 앵무새를 키운 격이다. 사회는 길들여지며 익숙해진 그런 문제들을 푸는 곳이 아니다.

장경스님은 멈추지 않고 다그쳤다. “모든 기량을 다 발휘해도 장님이 될까요?” 참으로 멋진 질문 아닌가. 하지만 다분히 위험을 감내할 각오가 되어야 이런 질문을 할 수 있다. 아니나 다를까, 보복스님이 냅다 내질렀다. “내가 장님이라는 말입니까?” 내지르긴 하였지만 인정이 남았으니 아쉽다.

송(頌)

盡機不成瞎이여
진 기 불 성 할

按牛頭喫草로다
안 우 두 끽 초

四七二三諸祖師가
사 칠 이 삼 제 조 사

寶器持來成過咎라
보 기 지 래 성 과 구

過咎深無處尋이라
과 구 심 무 처 심

天上人間同陸沈이로다
천 상 인 간 동 육 침

- **사칠(四七)**

  4×7=28. 인도의 28대 조사님들.

- **이삼(二三)**

  2×3=6. 중국의 6대 조사.

- **육침(陸沈)**

  (1)슬기로운 이가 속세에 숨에 사는 것. (2)나라가 적에게 침공 당해 망함. (3)옛것은 알지만 새것은 모름. 시대의 추이를 모름.

능력 다 발휘하면 장님 되진 않는다 함이여!
소의 머리를 눌러서 풀을 먹이는 꼴이로다.
인도의 스물여덟 중국의 여섯 모든 조사가
보배 그릇 가져와서 허물을 이루었네.
허물이 깊어서 찾을 곳이 없나니
천상과 인간이 동시에 침몰됨이로다.

강설(講說)

설두선사는 송의 제1구와 제2구에서 "능력 다 발휘하면 장님 되진 않는다 함이여! 소의 머리를 눌러서 풀을 먹이는 꼴이로다."하여 선지식들의 자비를 평가했다.

공양을 하게끔 한 이들이 정말 장님일까? 스스로 밥 챙겨 먹을 때까지 바라만 본다면 과연 몇이나 밥을 먹을 수 있을까? 그렇다고 "최선을 다해도 장님이 될까?"하고 물은 장경스님은 지나친 감이 있다. 그러니 보복스님에게 버럭 한소리를 듣게 되었지. 그러면 보복스님은 제대로 내지른 것인가? 장경스님도 제대로 두들기질 못했고, 보복스님도 여전히 미진하다.

그럼 단하스님은 찾아온 선객에게 제대로 밥을 먹인 셈인가? 모두가 자비심이 지나치다고 하겠으나, 이 지나친 자비심이 아니었다면 어찌 법의 바퀴가 지금까지 굴렀겠는가.

설두 노인네는 송의 제3구와 제4구에서 "인도의 스물여덟 중국의 여섯 모든 조사가, 보배 그릇 가져와서 허물을 이루었네."고 하여 근본을 짚었다.

아주 냉정하게 말하자면 어디 보복스님의 허물에 그치랴. 장경스님의 허물도 있고 단하선사의 허물도 있느니. 33조사 또한 지나친 자비심으로 온갖 방편을 베풀지 않았던가.

설두화상은 제5구와 제6구에서 "허물이 깊어서 찾을 곳이 없나니, 천상과 인간이 동시에 침몰됨이로다."하여 허물을 지우려 애썼다.

비록 자비심으로 무진 애를 썼고 지금도 또한 무진 애를 쓰지만, 바로 그것 때문에 구덩이로 떨어지는 자들이 끊이지 않으니 이를 어쩌누. 하지만 금광에 순금만 나오던가? 먼지도 날리고 자갈도 튀는 법이지. 제대로 캐어 용광로를 거치는 행운은 누가 누리려나.

그래도 허물은 허물인 게지. 쯧쯧!

제77칙

운문 호병
(雲門餬餠)

운문선사의
호떡

호떡으로 입 틀어막아도
호떡 놓고 입방아 찧는군”

두 분의 대화를 들을 수 있다면
운문선사의 호떡을 먹을 수 있으리.

강설(講說)

언어나 분별을 떠난 완벽한 깨달음의 경지라면 천하 어느 누군들 거기 입을 댈 수 있겠는가. 송골매 앞에서 비둘기가 조금이라도 하늘을 날려고 했다간 목숨을 부지하기 어려울 것이다. 이 경우에는 삼세제불이 오더라도 함구할 수밖에 없을 것이다. 만약 상대적 차별의 경지에 연연한다면, 마치 자신을 보호하기 위해 존재하는 껍질 속에 도리어 갇혀버린 거북이처럼 될 것이다. 이 경우라면 다른 사람의 수중에서 놀아날 뿐이다.

어떤 이들은 이렇게 말한다. "궁극적인 도에는 본디 절대적 평등(向上)이니 상대적 차별(向下)이니 하는 것이 없는데, 그런 걸 따져서 뭘 하자는 것인가?" 목에 힘을 잔뜩 주고 이렇게 외치는 이들이 얼마나 많은가. 하지만 이들은 모두 귀신소굴 살림을 차렸다. 만일 허공에 서 있는 사람을 본다면 몽둥이로 후려쳐 버려야 한다.

그건 그렇고 향상(向上)과 향하(向下)를 어떻게 가릴 수 있겠는가? 다음의 얘기가 좋은 방침이 될 것이다.

본칙(本則)

擧 僧問雲門호대 如何是超佛越祖之談
거 승문운문 여하시초불월조지담

이닛고 門云 餬餠이니라
문운 호병

이런 얘기가 있다.

어떤 스님이 운문선사께 여쭈었다. "어떤 것이 부처와 조사를 초월하는 말입니까?"

운문선사께서 답하셨다. "호떡!"

강설(講說)

수행자들은 절대적인 경지를 추구하는 이들이다. 그래서 그 문답에 예의 따위를 갖추지 않는다. 일반 사람들이라면 부처님과 조사님들을 모시고 따르겠지만, 수행자는 거기에 머무르지 않는다. 스스로 부처가 되고자 하기 때문이다. 하지만 초월에 집착해 버리면 그건 더 큰 병이 된다.

여기 질문을 던진 스님은 부처와 조사를 안 것일까? 만약 알았다면 여기의 질문은 군더더기가 될 것이다. 만약 모르고 했다면 엄청난 오류를 범한 것이다. 이런 경우 대부분 후자에 속한다. 부처와 조사를 초월하는 방법은 스스로 부처나 조사가 되는 길밖에 없다. 부처와 조사는 이미 남들이 한 말을 앵무새처럼 되뇌지 않는다.

질문을 받은 운문선사는 이미 엄청난 이들을 몽둥이로 두들겨 패서 개에게 던져 준 인물이다. 이 운문선사의 입에서 곧바로 던져진 "호떡!"은 임제선사의 할(臨濟喝)과 덕산선사의 방(德山棒)을 무색케 한다.

종일 호떡을 먹는다 해도 이 호떡을 모를 것이고, 수

만 개의 호떡을 살핀다 해도 운문의 호떡은 알지 못할 것이다. 어떻게 하면 운문선사의 호떡을 먹을 수 있을까?

송(頌)

超談禪客問偏多하니
초 담 선 객 문 편 다

縫罅披離見也麼아
봉 하 피 리 견 야 마

餬餅㙇來猶不住하고
호 병 축 래 유 부 주

至今天下有誵訛로다
지 금 천 하 유 효 와

- **초담(超談)**

  본칙에서 말한 초불월조(超佛越祖)의 얘기.

- **봉하(縫罅)**

  꿰맨 자리가 터짐.

- **피리(披離)**

  너덜너덜해짐.

- **축(㙇)**

  틈을 막음.

- **효와(誵訛)**

  그릇된 말을(訛) 삼가지 않고 떠드는 것(誵).

초월적 얘기 묻는 선객 매우 많으니
꿰맨 곳 터져 너덜거림을 보았는가?
호떡으로 막았으나 붙어있질 않으니
지금까지 세상에 헛소리가 난무하네.

강설(講說)

설두선사는 송의 제1구에서 "초월적 얘기 묻는 선객 매우 많으니"라고 하여 너무나 당연한 것 같으면서도 너무나 심각한 수행자들의 병폐를 지적하고 있다.

걷지도 못하면서 뛰려고 하는 이들이 있다. 특히 불교를 공부한다는 이들 가운데 이 병폐가 심하다. 부처님과 조사님들께서 말없는 도리를 깨닫지 못하는 이들을 안타깝게 생각하여 입이 아픈 수고를 마다하지 않았는데, 제대로 참구하여 타파하지도 못하면서 그 너머의 세계를 알려달라고 떼를 쓴다. 책 몇 권 읽었다고 아는 체 말 것이며, 선문답의 문구 흉내 낸다고 자신이 선사가 된 듯 착각하지 말라.

그런데 이것과는 달리 선어록이나 대승경론(大乘經論)을 아예 무시하려는 이들이 점차 늘어나고 있다. 잠시 생각을 맑히거나 고요히 하는 것은 참으로 쉽다. 그런데 그것으로 깨달음 또는 해탈을 대체할 수 있는 것이라면 해탈을 위해 목숨을 건 수많은 수행자들은 바보들이란 말인가?

설두 노인네는 제2구에서 "꿰맨 곳 터져 너덜거리는 것 보았는가?"라고 하여 선지식들의 설명으로 얼기설기 꿰매 자신의 살림살이처럼 하는 것을 지적하고 있다.

스스로 증득한 해탈의 경지가 아닌 남의 살림살이를 자신의 것처럼 자랑하는 이들이 있다. 그런데 그것이 얼마나 너덜거리는 것인 줄을 스스로가 모른다. 제 옷 아닌 것을 입고 자랑하느라 꿰맨 자리 터져서 부끄러운 곳 드러난 줄을 모르고 있는 것이다. 그러니 먼저 스스로를 살펴봐야 한다.

설두화상은 제3구와 제4구에서 "호떡으로 막았으나 붙어있질 않으니, 지금까지 세상에 헛소리가 난무하네."

운문 노인네가 잘난 체 수작하는 이들을 얼마나 만났겠는가. 천지에 도깨비 노릇 하면서 스스로를 선지식이라고 자칭하는 이들이 얼마나 많은가.

"부처와 조사를 초월하는 말"을 들려주면 알아들을 수나 있는가? 부처도 조사도 모르면서 초월을 얘기하

다니, 이런 도깨비를 봤는가. 그래서 운문선사는 호떡으로 그 입을 틀어막아 버렸다. 그러나 어쩌랴. 호떡을 놓고 또한 입방아를 찧고 있으니… 그래서 세상엔 온통 도깨비들이 난무하는 것이지.

제78칙

개사오수인 (開士悟水因)

보살이 물의 근본을 깨달음

"허공을 씻는 솜씨 있다면
목욕탕이 '여래의 방'임을…"

이른 아침 타다 만 시체 조각 흘러가는 갠지스에서
목욕하고 빨래하며 물을 마시는 이들은
해탈한 것일까 아니면 관념의 장난일까?

본칙(本則)

擧 古有十六開士하야 於浴僧時에 隨例
거 고유십육개사 어욕승시 수예

入浴하다가 忽悟水因이라 諸禪德은 作麽
입욕 홀오수인 제선덕 자마

生會 他道妙觸宣明成佛子住오 也須
생회 타도묘촉선명성불자주 야수

七穿八穴이라사 始得다
칠천팔혈 시득

- **개사(開士)**

  보살

- **수인(水因)**

  물의 인연

- **불자주(佛子住)**

  부처님의 아들 자리. 『선문염송(禪門拈頌)』에서는 '제9 법왕자주(法王子住)' 즉 '부처의 가르침에 따르므로 지혜가 생겨 미래에 부처가 될 만한 경지'라고 하였음.

- **칠천팔혈(七穿八穴)**

  칠통팔달(七通八達)과 같음. 종횡으로 자재함.

이런 얘기가 있다. 옛날에 열여섯 보살이 있었는데, 스님들이 목욕하는 시간에 이전처럼 욕실에 들어갔다가 문득 물의 인연을 깨달았다.

모든 덕 높은 수행자들이여, 저들이 "미묘한 감촉이 분명하게 밝아져 불자주(佛子住)를 성취하였습니다."고 말한 것을 어떻게 알 수 있겠는가?

또한 모름지기 종횡으로 자재해야 그럴 수 있을 것이다.

강설(講說)

본칙은 『수능엄경(首楞嚴經)』 제5권 수도분(修道分)에서 육진원통(六塵圓通)을 밝히는 곳에 나온 얘기를 인용하고 있다. 『수능엄경(首楞嚴經)』의 내용을 옮겨 본다.

「발타바라(跋陀婆羅)와 그의 도반 열여섯 명의 수행자들이 자리에서 일어나 부처님의 발에 이마를 대어 절하고 부처님께 사뢰었다.

"저희들이 지난 세상에 위음왕불(威音王佛)의 처소에서 법을 듣고 출가한 이후 대중과 함께 목욕할 때에 차례로 욕실에 들어갔었는데, 홀연히 물의 인연(水因)을 깨닫게 되었습니다. 그 근본에 있어서는 때(塵)를 씻는 것도 아니고, 몸을 씻는 것도 아니어서, 그 가운데 편안히 존재하는 바가 없음(無所有-空)을 얻게 되었습니다. 그동안 속세의 습기(宿習)를 잊지 못하다가 지금에 이르러서 부처님을 따라 출가하여 이제 더 배울 것이 없는 무학(無學)을 얻게 되었으니 부처님께서 저를 '발타바라'라고 부르셨으며, 미묘한 감촉(妙觸)이 분명하게 밝아져(宣明) 불자주(佛子住)를 이루었습니

다. 부처님께서 원통(圓通)을 물으시니, 제가 증득한 바로는 촉인(觸因)이 제일인가 합니다."」

불교에서 추구하는 것은 본체이다. 인위적으로 일으킨 그 모든 것은 끝없이 변해가고(諸行無常) 모든 존재 또한 영속하는 불변의 개체가 없기에(諸法無我), 그러한 바깥 경계나 인식의 변화를 추구하는 것은 해탈에 이르는 길이 아니다. 그러므로 그런 허상 또는 임시적인 것을 초월하는 본체를 깨닫고자 하는 것이다.

물로써 때를 씻는다고 하니, 도대체 어떻게 씻는다는 말인가. 물도 물이라고 할 고정된 것이 없으며 때도 또한 때라고 할 것이 없는데 무엇이 무엇을 씻는다는 말인가? 만약 일체로부터 자유로운 사람이라면 목욕탕에 들어가고 나오는 내내 삼매를 벗어나지 않을 것이다.

사대육신이 이미 비었거늘 어디에 때가 있겠으며, 물 또한 인연으로 잠시 이뤄진 것인지라 물이라 할 것이 없거니 어찌 빈 것이 빈 것을 씻겠는가. 허공을 씻는 솜씨가 있는 자라면 능히 목욕탕이 여래의 방임을 알 것이다.

스스로 여래의 방에 있는 자라면 어찌 깨달았다고 떠들겠는가. 깨달은 자는 그따위 말을 입에 담지 않고, 깨달았다고 떠드는 자는 허공에 그림을 그리는 자이다.

송(頌)

了事納僧消一箇니
요 사 납 승 소 일 개

長連床上展脚臥라
장 연 상 상 전 각 와

夢中曾說悟圓通하니
몽 중 증 설 오 원 통

香水洗來驀面唾하리라
향 수 세 래 맥 면 타

일 마친 수행자 한 사람이면 충분하니
길게 늘인 자리 위에 다리 뻗고 누우리.
꿈속에서 원통을 깨달았다고 떠들다니,
향수로 씻었어도 곧장 얼굴에 침 뱉으리.

강설(講說)

설두선사는 송의 제1구와 제2구에서 "일 마친 수행자 한 사람이면 충분하니, 길게 늘인 자리 위에 다리 뻗고 누우리."라고 하여 무엇이 해탈 경지인지를 슬쩍 보여 주었다.

깨달음이 무엇인지도 모르는 이들이 천하의 자비를 행할 듯이 세상 모든 것에 관심을 기울이며 수행자가 행할 바라고 떠들거나, 스스로의 작은 문제도 해결 못 하는 이들이 종교인이 무엇을 행해야 하는지를 역설하는 것을 본다. 해탈에 이르지 못한 사람이 타인을 지혜로 인도하고 자비로 살필 수는 없다. 대승의 보살사상은 자신이 이른 경지에서라도 그렇지 못한 사람을 격려하고 동행하여 해탈의 길로 함께 가려는 것이지, 자신의 갈증도 해결 못 한 사람이 천하 사람들의 갈증을 해결해 준다는 뜻이 아니다. 암반 아래 물이 있음을 알아도 우물을 완성하지 못한 사람은 암반 아래의 물을 나눠 줄 수 없지만, 암반 아래 물이 있음을 다른 이들에게 알려주고 함께 힘을 모아 우물을 파서 갈증을 보다 빨리 해결할 수는 있는 것이다.

떼거리로 몰려다니며 깨달음 타령하여 사람들을 홀리는 무리 따위에 귀 기울이는 자라면 이미 별 영험이 없는 놈이다. 대장부는 그런 헛소리에 속지 않는다. 일을 마쳤는지 마치지 못했는지는 남의 입을 빌릴 것도 없는 것이니, 제 속을 보면 다 드러나는 법이다. 하긴 심안(心眼)이 감겼으면 어렵지. 만일 스스로 일을 마친 이라면 삼세제불이 온다 해도 졸리면 잠을 자는 법이다.

설두 노인네가 송의 제3구와 제4구에서 "꿈속에서 원통을 깨달았다고 떠들다니, 향수로 씻었어도 곧장 얼굴에 침 뱉으리."라고 일갈하였다.

천지에 꿈꾸는 자들만 있다면 꿈속에서 깨달았다고 떠드는 놈을 꿈속 사람들이 따를 것이다. 그러나 오래전에 꿈에서 깬 사람이라면 깨달았다고 잠꼬대하는 놈을 발로 걷어차 버릴 것이다.

경전 몇 권 본 자는 부처님 말씀 외워 앵무새 소리 하고, 선(禪)을 설명한 엉터리 책을 몇 권 본 놈은 머리를 굴려 책 속에서 본 구절로 남을 속이려 든다. 비록 그

것이 한때는 부처님이나 조사님들의 입장에서는 과실(果實)이었고 꽃이었지만 앵무새처럼 외워 떠드는 사람에 이르러서는 시들고 상해버렸다.

싱싱하던 꽃도 시든 지 오래되면 썩어 악취가 나고, 달콤하던 과실도 상하면 독이 되는 법이다. 그러니 다른 사람에게 선물하려거든 자신이 스스로 농사를 지어 막 피어난 꽃과 바로 수확한 과실(果實)을 내놓아야 할 것이다. 스스로 해탈한 이의 꽃과 과실은 남을 이롭게 하지만, 오래되어 상한 것이라면 스스로에게도 타인에게도 이로울 것이 없는 것이다.

제79칙
투자 일체성시불성
(投子一切聲是佛聲)

투자선사의
모든 소리가 곧 부처님 말씀

"현란한 논리 부숴버리니
만고에 빛나는 선지식이다"

새들이 매를 시험하려 든다면 죽음을 각오해야 할 것이다.

강설(講說)

사람들은 열심히 배우고 익힌다. 그렇게 하면 미래의 삶을 풀어 가는데 충분할 것이라는 기대를 가진다. 하지만 현실에 부딪혀 보면 그 기대는 무참히 깨어진다.

불교공부를 교리(敎理)로 시작한 이들은, 배운 교리가 이해되면 자기의 경지가 그렇게 된 것으로 착각한다. 하지만 본성(本性)의 오묘한 작용(妙用)은 참으로 미묘해서 온갖 교학으로 접근해도 그 모습을 볼 수가 없다. 그러니 부처님의 가르침을 제대로 알고자 한다면 배운 것을 다 놓아버려야만 한다. 그런 후에 그 본성을 바로 볼 수 있게 되면, 힘들이지 않고 사로잡기도 하고 놓아주기도 하는 것이다. 그런 사람은 유유자적한 허공의 매와 같다.

투자 대동선사(投子大同禪師, 819~914)는 취미 무학선사(翠微無學禪師)의 법제자로 법명은 대동(大同)이다. 서주(舒州) 회녕(懷寧) 출신인데, 처음에는 수식관(數息觀)을 익혔다. 뒷날 『화엄경』을 보다가 성품의 실체를 깨달았고, 취미선사 밑에서 공부하다가 크게 깨쳤다. 이로부터 발 닿는 대로 떠돌다가, 고향으로 돌아가 투자산(投子山)에 암자를 짓고 은거하면서 인연 닿는 이들을 지도했다.

본칙(本則)

擧 僧問投子호대 一切聲是佛聲이라하니
거 승문투자 일체성시불성

是否닛가 投子云 是니라 僧云 和尙은 莫
시부 투자운 시 승운 화상 막

𡱁沸碗鳴聲하소서 投子便打하다 又問 麤
독비완명성 투자변타 우문 추

言及細語가 皆歸第一義라하니 是否닛가
언급세어 개귀제일의 시부

投子云 是니라 僧云 喚和尙作一頭驢得
투자운 시 승운 환화상작일두려득

麼아 投子便打하다
마 투자변타

- **독비완명성(𡱁沸碗鳴聲)**

  방귀 뀌는 소리 *독비(𡱁沸)와 완명(碗鳴)은 고어에 '방귀소리'로 사용되었음.

- **제일의(第一義)**

  근본(根本)이 되는 궁극(窮極)의 진리(眞理)

이런 얘기가 있다.

한 스님이 투자선사께 여쭈었다. "모든 소리가 곧 부처님의 말씀이라는데 그렇습니까?"

투자선사께서 말씀하셨다. "그렇다."

그 스님이 말하였다. "큰스님께서는 방귀 뀌는 소리 하지 마십시오."

투자선사께서 즉시 후려쳤다.

그 스님이 다시 여쭈었다. "거친 말과 섬세한 말이 모두 궁극의 진리로 귀결된다는데 그렇습니까?"

투자선사께서 말씀하셨다. "그렇다."

그 스님이 말하였다. "큰스님을 한 마리 당나귀라고 불러도 되겠습니까?"

투자선사께서 즉시 후려쳤다.

강설(講說)

수행자는 틀에 갇히면 안 된다. 하지만 수행을 하는 중에는 스스로 틀을 만들어 그 속에 갇히기도 한다. 갇힌 줄을 알고 틀을 깨트리려고 용맹정진하면 다행이지만, 그 틀이 대단한 경지라고 착각해버리면 큰 문제가 된다.

투자선사를 찾아온 스님은 『열반경』의 내용으로 투자선사를 시험하려 하였다. 그래서 '모든 소리가 부처님의 말씀'이라는 것을 가져와서 질문을 던졌다. 투자선사께서 "그렇다"고 인정하자 자신의 소견으로 투자선사를 몰아붙였다. "방귀 뀌는 소리도 부처님 말씀이겠군요?" 일견 멋들어진 공격처럼 보인다. 그러나 그 스님은 논리의 함정에 빠졌다. 경지와 논리는 다르다는 것을 모르고 있다. 투자선사는 그 잘못을 바로잡아주려고 후려쳤다.

하지만 이 스님은 자기의 잘못을 깨닫지 못했다. 그래서 다시 『열반경』의 내용을 가져와 투자선사를 시험했다. '거친 말과 섬세한 말이 모두 궁극의 진리로 돌아간다'는 말이 맞느냐고 질문을 던졌다. 투자선사께

서는 다시 "그렇다"고 답하셨다. 그러자 질문을 한 스님이 "그럼 큰스님을 한 마리 당나귀라고 불러도 되겠군요?"라고 몰아쳤다. '거친 말도 궁극적 진리로 돌아감'의 논리이다. 하지만 질문한 스님은 자기의 논리가 반쪽짜리임을 모르고 있었으며, 더구나 『열반경』의 말씀이 모든 논리를 초월하고 있음도 몰랐다. 그래서 투자선사께서는 즉시에 후려치신 것이다.

질문을 한 스님의 용기는 참으로 가상하다. 그러나 투자선사는 이미 모든 것을 꿰뚫고 있었다. 그래서 자비를 두 번이나 베풀어 그 스님이 갇힌 틀을 깨뜨려주려고 하셨다. 하지만 준비가 덜 된 것을 어쩌랴. 그가 깨닫지 못한 것은 자비를 베푼 투자선사의 허물이 아니다.

송(頌)

投子投子여
투 자 투 자

機輪無阻라
기 륜 무 조

放一得二하니
방 일 득 이

同彼同此라
동 피 동 차

可憐無限弄潮人이여
가 련 무 한 롱 조 인

畢竟還落潮中死로다
필 경 환 락 조 중 사

忽然活하면
홀 연 활

百川倒流鬧 湉 湉하리라
백 천 도 류 료 활 활

투자 선사시여 투자 선사시여 !

후학 지도하는 솜씨 막힘이 없구나.

하나 놓아 둘을 얻으니 저와 같고 이와 같도다.

가련타 파도타기 즐기는 한없는 사람들이여!

마침내 오히려 파도에 떨어져 죽는구나.

홀연히 살아난다면 모든 강물 크게 콸콸대며 거꾸로 흐르리.

- **기륜(機輪)**

  대기대용(大機大用)의 솜씨. 후학을 지도하는 솜씨.

- **료(鬧)**

  시끌벅적한 것.

- **활활(濊濊)**

  많은 물이 콸콸대는 소리.

강설(講說)

설두화상은 "투자선사시여 투자선사시여! 후학 지도하는 솜씨 막힘이 없구나."라고 하여 투자선사의 솜씨를 극찬했다.

투자선사의 솜씨를 보라. 상대의 말을 긍정하여 멋진 솜씨를 보이시고, 상대의 허물을 보고는 두들겨 버렸다. 긍정하며 유인하는 솜씨가 탁월하니 상대가 스스로 함정에 빠졌고, 현란한 논리를 부숴버리니 만고에 빛나는 선지식의 모습이다.

설두선사는 다시 "하나를 놓아 둘을 얻으니, 저와 같고 이와 같도다."라고 하여 투자선사의 지도법을 풀어놓았다.

투자선사는 두 가지의 질문에 오직 '그렇다(是)'고만 했다. 그러나 질문하는 이는 자신의 어쭙잖은 논리에 떨어져 매를 두 번이나 벌고 말았다. 앞에서도 그랬고 뒤에서도 그랬는데, 이 두 번의 맷값을 훗날에라도 갚기나 했는지 모르겠다.

설두 노인네는 "가련타 파도타기 즐기는 한없는 사람들이여! 마침내 오히려 파도에 떨어져 죽는구나."라고 하여 노파심을 드러냈다.

수행하는 이들이 모두가 깨달음을 목표로 한다. 그러나 대부분 작은 소득을 진짜로 알고 재주를 뽐내려다가, 혹은 스스로 만족하고 또는 스스로 자기 논리에 떨어지고 만다. 마치 투자선사를 찾아온 이 스님처럼.

설두선사는 "홀연히 살아난다면 모든 강물이 크게 콸콸대며 거꾸로 흐르리."라고 하여 살길을 열어 두었다.

수행에서 잠이나 죽음은 결정적이지 않다. 언제라도 잠을 깨면 제대로 볼 수 있고, 죽음의 틀을 깨고 나오면 천하의 장부가 된다. 만일 그가 능히 투자선사를 칠 수 있었다면, 문득 불조(佛祖)도 자취를 감췄을 것이다. 이것이 어디 옛이야기에 그치겠는가.

제80칙

급수상타구
(急水上打毬)

급한 물살 위에서 공을 친다

"마땅히 집착함이 없이
그 마음을 내어라
(應無所住 而生其心)"

폭포수에 젖지 않는 사람이라면 조주선사의 공을 보리라.

본칙(本則)

擧 僧問趙州호대 初生孩子가 還具六識
거 승문조주 초생해자 환구육식

也無닛가 趙州云 急水上打毬子니라 僧
야무 조주운 급수상타구자 승

復問投子호대 急水上打毬子라하니 意旨
부문투자 급수상타구자 의지

如何닛고 子云 念念不停流니라
여하 자운 염념부정류

- 6식(六識)

  불교에서는 감각기관을 근(根)이라고 하고 바깥의 대상을 경(境)이라고 하며 인식의 주체를 식(識)라고 함. 식(識)에는 눈(眼) · 귀(耳) · 코(鼻) · 혀(舌) · 살갗(身)을 의지하는 전오식(前五識)이 있고, 의근(意根)을 의지하면서 전오식(前五識)을 총괄하는 제6의식(第六意識)이 있으며, 이 제6의식이 의지하는 제7말나식과 식의 핵심인 제8아뢰야식이 있음을 정립했음. 그냥 6식이라고 하면 안식 · 이식 · 비식 · 설식 · 신식 · 의식을 가리킴.

이런 얘기가 있다.

한 스님이 조주선사께 여쭈었다. “갓난아기에게도 육식(六識)이 갖추어져 있습니까?”

조주선사께서 말씀하셨다. “급한 물길 위에서 공을 친다.”

그 스님이 다시 투자선사께 여쭈었다. “급한 물길 위에서 공을 친다고 하니, 어떤 뜻입니까?”

투자선사께서 말씀하셨다. “생각 생각이 멈추지 않고 흐른다.”

강설(講說)

여기 인식작용에 대해 밝은 한 스님이 수행의 깊은 경지와 인식작용의 관계에 대해 조주선사께 날카롭게 질문을 하였다. 질문을 한 스님은 인간의 심층심리에 대한 매우 전문적인 분석과 체계를 세운 유식(唯識)에 대해 깊게 알고 있었던 모양이다. 대화에서는 비록 육식(六識)이라는 용어만 나오지만 전오식(前五識)과 제육의식(意識) 그리고 제7말나식(末那識)과 제8아뢰야식(阿賴耶識)까지도 알고 있었을 것이다. 그래서 이 모든 인식주체(心王)들이 일으키는 작용에 대한 이론에 대해 정리가 되어 있었을 것이다. 질문을 한 스님은 도를 깨달으신 선승(禪僧)들의 무분별(無分別)이니 무심(無心)이니 천진(天眞)이니 하는 경지에 대해 알고 싶었나 보다. 그래서 조주선사께 질문을 던진 것이다. "갓난아기에게도 육식(六識)이 갖추어져 있습니까?" 질문의 요지는 어린아이와 같은 천진의 경지에 도달한 도인에게도 여전히 인식의 작용이 있느냐는 것이다.

단순히 교학의 입장에서라면 진퇴양난의 질문을 던진 셈이다. 만약 인식작용이 있다고 답한다면 도인의 깨

달음이라는 것이 여전히 분별을 벗어나지 못한 경지이고, 만약 인식의 작용이 없다고 답한다면 도인의 깨달음이 마치 목석(木石)과 같은 것이 되고 마는 것이다.

하지만 질문을 던진 스님은 다만 유식의 이론에 스스로 갇혔을 뿐 유식에서 가리키는 경지를 모르고 있었다. 물론 깨달음의 경지도 모르고 있었다. 유식(唯識)을 공부한 대부분의 사람들이 『유식론(唯識論)』의 목적이 심리분석에 있는 줄로 착각하고, 그것만을 열심히 설명하려 든다. 사실 『유식론(唯識論)』은 깨달음으로 나아가는 방법을 설명하는 것이고, 최종 목적은 깨달음에 이른 이가 자유자재로 활용하는 성소작지(成所作智) 묘관찰지(妙觀察智) 평등성지(平等性智) 대원경지(大圓鏡智)에 있다. 그렇기 때문에 깨달음의 경지로 넘어가는 수행을 등한시하고 이론만 강조하면 본래의 목적에서 어긋난다.

조주선사의 답은 질문을 훌쩍 초월해 버린다. 그러나 아주 정확하게 질문에 답을 해 주셨다. "급한 물길 위에서 공을 친다." 조주선사의 경지야 이미 흠잡을 데 없다는 건 다 안다. 그러나 이 답을 보면 조주선사가 언어의 마술사라는 것도 인정하지 않을 수 없다. 조주선사는 '멈춘다'거나 '없다'거나 따위의 어설픈 답을 하지 않는다. 그런 말은 그저 아는 체하는 사람들이나 쓰는 말이다. 이 기막힌 답을 다시 살펴보라. "급한 물길 위에서 공을 친다." 여기에 사족을 붙이면 조주선사를 오물통으로 끌고 들어가는 셈이다.

스스로 깨닫지 못한 질문자는 조주선사의 전광석화와 같은 답이 어디에 떨어지는 줄을 알지 못했다. 그래서 할 수 없이 투자선사를 찾아가서 "급한 물길 위에서 공을 친다."는 말이 무엇을 뜻하는지를 물었다. 투자선사는 아마도 이 스님을 측은하게 여기셨던가 보다. 그래서 자비롭게 답을 해 주셨다. "생각 생각이 멈추지 않고 흐른다."

아직도 헤매는 사람들을 위해 나도 노파심으로『금강경』의 한 구절을 덧붙인다. "마땅히 집착함이 없이 그 마음을 내어라(應無所住 而生其心)"

송(頌)

六識無功伸一問하니
육 식 무 공 신 일 문

作家曾共辨來端이로다
작 가 증 공 변 래 단

茫茫急水打毬子라
망 망 급 수 타 구 자

落處不停誰解看이리오
낙 처 부 정 수 해 간

- **공(功)**

  공용(功用). 인식 주관의 작용. 분별하고 차별하는 의식 작용. 분별과 망상을 일으키는 마음 작용.

육식의 작용 없는 경지에 대해 질문 던지니
선지식들 이미 모두 그 핵심을 말씀하셨네.
급한 물길 위에서 공을 친다고 하심이여,
떨어진 곳에 멈추지 않으니 뉘라서 알랴.

강설(講說)

설두선사는 송의 제1구에서 "육식의 작용 없는 경지에 대해 질문 던지니"라고 하여 질문자가 과연 제대로 질문할 경지인지를 돌아보게 하였다.

불교에서 기본적으로 강조하는 것이 신 · 해 · 행 · 증(信解行證)의 네 단계 실천과 그에 따라 도달하는 경지이다. 그런데 질문자가 이해(解)의 정도로 깨달음의 경지(證)를 묻다니 참 안타까운 일이다. 인식작용을 아무리 잘 알아도 그건 결코 깨달음이 될 수 없다.

설두 노인네는 제2구에서 "선지식들 이미 모두 그 핵심을 말씀하셨네."라고 하여 두 선사가 멋진 답을 해주셨음을 밝히셨다.

상대가 인식작용에 머물러 있다고 해서 선지식까지 인식작용에 대해 다시 설명한다면 어찌 선지식이라고 할 수 있겠는가. 굴리고 또 굴리니 빛만 가득하구나.

설두화상은 제3구에서 "급한 물길 위에서 공을 친다고 함이여,"라고 하여 조주선사의 멋진 답을 언급하였다.

"갓난아기에게도 육식이 갖추어져 있습니까?"라는 질문에 누가 조주선사처럼 이런 멋진 답을 할 수 있겠는가. 조주선사의 공을 함부로 잡으려 하다가는 급한 물살에 목숨을 잃을 수도 있으니 조심할 것! 달마조사라면 그 공을 받아칠 수 있으려나.

제4구에서 설두선사는 이렇게 갈파하셨다. "떨어진 곳에 멈추지 않으니 뉘라서 알랴."

식작용에 대해 투자선사처럼 멋진 답을 하기도 쉽지 않다. 투자 노인네가 아무리 풀이를 해 주면 무슨 소용이 있나. 상대는 자신이 멈추었는지 끌려다니는지도 모르고 헤매고 있는 것을. 아니면 이미 죽었나?

송강스님의 벽암록 맛보기 8권
(71칙~80칙)

역해 譯解 시우 송강 時雨松江

사진 시우 송강 時雨松江

펴낸곳 도서출판 도반

펴낸이 김광호

편집 김광호, 이상미, 최명숙

대표전화 031-983-1285

이메일 dobanbooks@naver.com

홈페이지 http://dobanbooks.co.kr

주소 경기도 김포시 고촌읍 신곡리 1168번지